Taith Ffaith 3

I gyd-fynd â Taith Iaith 3

Rhiannon Packer

Cyhoeddwyd gan **Y Ganolfan Astudiaethau Addysg**, Aberystwyth gyda chymorth ariannol Awdurdod Cymwysterau, Cwricwlwm ac Asesu Cymru. Gwefan: www.caa.aber.ac.uk

ISBN: 1 84521 026 3
ISBN: 1 84521 030 1 (set)

Golygwyd gan Fflur Pughe a Non ap Emlyn
Dyluniwyd gan Richard Huw Pritchard

Diolch i Aled Loader, Luned Ainsley, Ann Lewis, Angharad Evans, Gwenan Nicholas a Dafydd Roberts am eu harweiniad gwerthfawr.

Argraffwyr: Gwasg Gomer

Cydnabyddiaethau

Mae'r cyhoeddwyr yn ddiolchgar i'r canlynol am ganiatâd i atgynhyrchu deunyddiau:

Canolfan Groeso Llanwrtyd Wells	tud. 4, 5
Anne Lloyd Cooper	tud. 6, 7, 8, 9, 12, 13
Getty Images	tud. 10
Richard Pritchard	tud. 4, 11, 14, 18, 20
Elina Vanhala	tud. 13
Wiggly Wigglers	tud. 14
UO Museum of Natural and Cultural History & State Museum of Anthropology, University of Oregon	tud. 17
Ivana Vesela (Cyfnewid UNA Exchange)	tud. 18, 19, 20
Bwrdd Croeso Cymru	tud. 20

Gwnaethpwyd pob ymdrech i olrhain a chydnabod deiliaid hawlfraint. Bydd y cyhoeddwyr yn falch o wneud trefniadau addas gydag unrhyw ddeiliaid na lwyddwyd i gysylltu â nhw.

Cynnwys

Diddorol . . . a . . . gwahanol!

Beth wyt ti'n hoffi ei wneud yn dy amser hamdden?

Wyt ti'n mwynhau chwarae pêl-droed . . .

. . . neu . . .

. . . beth am nofio, efallai?

Bob mis Awst, mae pobl yn dod i
Lanwrtyd i fwynhau hobi
gwahanol iawn – snorclo cors!

Pencampwriaeth y Byd

Ers 1985, mae Pencampwriaeth Snorclo Cors y Byd yn Llanwrtyd.

Beth sy'n digwydd?

Mae cystadleuwyr yn talu ffi.

Maen nhw'n snorclo drwy ffos tua 55 metr o hyd.

Rhaid iddyn nhw wisgo snorcel ac esgyll ond dydyn nhw ddim yn cael nofio.

Mae pobl yn dod o bob man i gystadlu – o Brydain, Ewrop, Awstralia ac America.

Cystadleuaeth arall

Mae pobl yn dod i Lanwrtyd i redeg mewn ras hefyd.
Ond mae hi'n ras arbennig iawn!

Ras arbennig

Bob mis Mehefin, mae ras 35 km.
Yn y ras yma, mae pobl yn rasio yn erbyn ceffyl.

Yn 2004, curodd Huw Lobb y ceffyl am y tro cyntaf.
Curodd e'r ceffyl o 2 funud 17 eiliad!
Roedd y ras yn gyffrous iawn!

Ffobia

Oes ofn rhywbeth arnat ti?
Beth am **scolionophobia** – ofn yr ysgol?!

Mae llawer o bobl yn ofni pethau.

Mae rhai pobl yn ofni balwnau – **globophobia**.
Mae rhai pobl yn ofni plu – **pteronophobia**.
Mae rhai pobl yn ofni'r glaw – **pluviophobia**.
Mae rhai pobl yn ofni beiciau – **cyclophobia**.
Mae rhai pobl yn ofni cael menyn pysgnau yn sownd i dop eu ceg –
                                                    archibutyrophobia.

Oeddet ti'n gwybod...?

Mae **arachnaphobia** ar Andre Agassi,
y chwaraewr tennis.
Mae ofn corynnod arno fe!

Roedd Napoleon Bonaparte yn ofni cathod.
Roedd **gatophobia** arno fe.

Roedd ofn rhosynnau ar
y Frenhines Elisabeth I.
Roedd **anthophobia** arni hi.

Beth ydy dy ffobia di tybed?

Hippopotomonstrosesquippedaliophobia?
Ofn geiriau hir

Clinophobia?
Ofn mynd i'r gwely

Ablutophobia?
Ofn ymolchi

Dromophobia?
Ofn croesi'r stryd

Graphophobia?
Ofn ysgrifennu

Ergasophobia?
Ofn gwaith

Colur

Wyt ti'n hapus gyda sut wyt ti'n edrych?

Wyt ti'n gwisgo colur?

Mae actorion a sêr pop yn gwario llawer o arian ar edrych yn dda. Mae rhai yn mynd i glinig i newid sut maen nhw'n edrych.

Heddiw, mae llawer o ferched yn gwisgo colur ac mae mwy a mwy o ddynion yn gwisgo colur hefyd.

Ond dydy hyn ddim yn beth newydd!

Oeddet ti'n gwybod . . . ?

Tua 10,000 C.C.

Roedd dynion yn Yr Aifft yn mwynhau ymolchi mewn persawr.

Roedd y dynion yn defnyddio *kohl* (powdr du) ar eu llygaid.

Roedden nhw'n rhoi *rouge* (powdr coch) ar eu bochau a'u gwefusau.

Tua 3,000 C.C.

Roedd dynion yn Yr Aifft yn defnyddio hufen ar eu croen.

Tua 100 O.C.

Roedd y Rhufeiniaid yn hoffi cael bath mewn mwd.

Roedd y Rhufeiniaid yn rhoi lliw ar eu gwallt. Roedden nhw'n hoffi'r lliw melyn.

Tua 1500 O.C.

Yn ystod Oes Elisabeth I roedd llawer o bobl yn hoffi gwisgo colur.

Roedd wyneb gwyn yn ffasiynol. Roedden nhw'n rhoi wy, finegr, plwm ac arsenig ar yr wyneb i edrych yn wyn. Ond, roedd y plwm a'r arsenig yn afiach ac yn wenwynig. Roedd llawer o bobl yn marw ar ôl rhoi'r plwm a'r arsenig ar yr wyneb.

Tua 1800 O.C.

Yn ystod Oes Fictoria, doedd dynion ddim yn gwisgo colur. Doedd hyn ddim yn ffasiynol.

Tua 2000 O.C.

Heddiw mae mwy a mwy o ddynion yn gwisgo colur. Maen nhw'n hoffi persawr hefyd. Mae llawer o golur i ddynion yn y siopau.

Siocled

Wyt ti'n bwyta'n iach?

Mae llawer o bobl yn mwynhau bwyta siocled achos mae e'n flasus iawn.
Mae pobl Cymru yn gwario £65 yr un ar siocled bob blwyddyn!!

Ydy siocled yn fwyd iach neu'n fwyd afiach?
Dydy siocled ddim yn afiach os dwyt ti ddim yn bwyta **gormod!**

Siocled – ffeithiau diddorol

Mae siocled yn dod o'r ffa coco sy'n tyfu ar y goeden coco.
Dydy'r ffa coco ddim yn tyfu nes bod y goeden tua 3 - 4 oed.

Dyma *pod* coco. Mae 40 o ffa coco yn y *pod*.

I'r Asteciaid, roedd ffa coco yn arian. Roedden nhw'n gallu prynu cwningen gyda 4 nib (ffa coco)!

Daeth Christopher Columbus â ffa coco i Ewrop yn 1502. Roedd llawer o bobl yn hoffi yfed y siocled poeth – ond roedd e'n ddrud iawn. Roedd rhaid bod yn gyfoethog iawn i brynu siocled poeth!

Yn 1828, gwnaeth Coenraad van Houten y bar siocled cyntaf.

Yn 1831, dechreuodd John Cadbury y ffatri siocled gyntaf yn Birmingham.

Mae'r cemegyn *phenylethylamine* mewn ffa coco. Mae'r cemegyn *phenylethylamine* yn dy ymennydd di pan rwyt ti'n syrthio mewn cariad!

Heddiw, mae 11 miliwn o ffermwyr coco yng Ngorllewin Affrica. Maen nhw'n cynhyrchu llawer iawn o ffa coco.

Tortilla ar dy frest!

O diar, mae annwyd arnat ti!

Beth ddylet ti wneud?
Mae hyn yn dibynnu ar ble rwyt ti'n byw!

Mae Marta o Wlad Pwyl yn dweud:
'Yfa de gyda mêl a mafon . . .
. . . neu . . .
yfa laeth cynnes gyda garlleg a mêl,
neu sudd winwns gyda siwgr.
Rhaid i ti fynd i'r gwely a chysgu!'

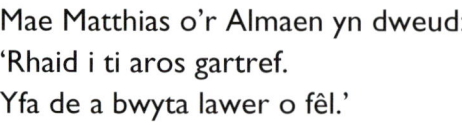

Mae Carlos o Sbaen yn dweud:
'Dylet ti yfed dŵr gyda lemwn a
halen a thipyn bach o siwgr.
Os wyt ti mewn poen, rho *tortilla*
gyda pherlysiau ar dy frest.'

Mae Matthias o'r Almaen yn dweud:
'Rhaid i ti aros gartref.
Yfa de a bwyta lawer o fêl.'

Mae Maria o Awstria yn dweud:
'Dylet ti dorri rhuddygl poeth yn
ddarnau bach i wneud mwclis.
Rhaid i ti wisgo'r mwclis.
Yfa lawer o sudd lemwn a mêl.
Rho hances boced ar dy frest.'

Mae Gaélle o Ffrainc yn dweud:
Cer i'r gwely i gysgu!
Yfa lawer o sudd lemwn poeth
a mêl.'

Mae Elina o'r Ffindir yn dweud:
'Ymlacia! Arhosa gartref!
Yfa de gyda mêl a winwns . . .
. . . neu . . .
. . . gawl danadl poethion.'

Mwydod . . . mwydod . . . a mwy

Bob dydd, rydyn ni'n cynhyrchu llawer o wastraff.
Mae'r gwastraff yn llygru'r amgylchedd.
Mae'n bryd i ni wneud rhywbeth!
Mae'n bryd i ni feddwl am yr amgylchedd.

Mae mwy a mwy o bobl yn ailgylchu ym Mhrydain. Ond, dydyn ni ddim yn ailgylchu digon. Mae'n bryd i ni wneud mwy.

Mae'n bosib ailgylchu sbwriel. Mae'n bosib rhoi peth sbwriel mewn banc ailgylchu – fel banc dillad neu fanc gwydr. Ond beth am sbwriel y gegin?

Mae un ffordd dda o
ailgylchu sbwriel y gegin . . .
defnyddio abwydfa.

Beth ydy abwydfa?

Bin bach ydy abwydfa.

Rwyt ti'n gallu taflu sbwriel y gegin yn yr abwydfa, e.e. pil tatws, gweddillion ffrwythau a llysiau, bagiau te, hen flodau.

Yn yr abwydfa mae miloedd o fwydod yn byw.

Mae'r mwydod yn bwyta sbwriel y gegin.

Rhaid i'r mwydod gael bwyd bob dydd.

Mae'r mwydod yn troi sbwriel y gegin yn wrtaith.

Mae'r gwrtaith yma'n wych i'r ardd.

ARCHAEOLEGWYR YN DARGANFOD ESGID HYNAF PRYDAIN!

Mae archaeolegwyr wedi darganfod hen hen esgid. Maen nhw'n meddwl, 'Dyma esgid hynaf Prydain'. Mae'r esgid tua 2,000 o flynyddoedd oed.

Roedd yr esgid mewn coeden mewn chwarel ger Exeter.

Sut esgid ydy hi?
- Esgid ledr ydy hi.
- Mae hi'n fawr – 30 cm o hyd, maint 10. Esgid dyn ydy'r esgid felly.
- Mae'r esgid mewn cyflwr da iawn.

'Dyma'r esgid hynaf ym Mhrydain, efallai,' dywedodd Richard Woodgate, archaeolegydd o Brifysgol Exeter. 'Mae'r esgid mewn cyflwr da iawn achos roedd y goeden lle roedd yr esgid yn llawn dŵr.'

Nawr, mae archaeolegwyr yn Exeter yn astudio eu hesgid nhw'n ofalus. Maen nhw eisiau gweld sut cafodd yr esgid ei gwneud.

Cyn bo hir, byddi di'n gallu gweld yr esgid mewn amgueddfa yn Exeter.

Esgid hynaf y byd

Ond nid esgid Exeter ydy esgid hynaf y byd. Mae esgid hynaf y byd yn dod o Oregon, yn Unol Daleithiau'r America. Mae'r esgid o Oregon yn 8,000 o flynyddoedd oed.

Darganfyddodd yr archaeolegydd, Luther Cressman, y sandal yma mewn ogof. Roedd dwsinau o sandalau tebyg yno.

O Slofacia i Gaerdydd

Dyma Ivana.

Mae Ivana yn dod o Slofacia ond daeth hi i fyw yng Nghymru am chwe mis.

Daeth hi i Gaerdydd i wneud gwaith gwirfoddol gyda mudiad
UNA Cyfnewid/Exchange (UNA = United Nations Association)

Beth wnaeth hi yng Nghymru?

Darllena beth mae hi'n ddweud:

Ahoj, neu 'Sut ydych chi?' Ivana Vesela dw i. Dw i'n dod o Bratislava yn Slofacia. Bratislava ydy prifddinas Slofacia.

Des i i Gaerdydd, prifddinas Cymru, i wneud gwaith gwirfoddol am chwe mis. Roedd byw yng Nghaerdydd yn gyffrous. Ar y dechrau, roeddwn i'n nerfus ond gwnes i lawer o ffrindiau yn gyflym iawn.

Roeddwn i'n byw mewn tŷ gyda chwech o bobl. Roedd pawb yn neis iawn. Unwaith bob wythnos roedd rhaid i fi goginio'r te. Unwaith, coginiais i *bryndzove halusky* – bwyd traddodiadol Slofacia – tatws, caws a bacwn. Roedd pawb yn hoffi'r bwyd.

Mwynheuais i'r gwaith gwirfoddol yn fawr iawn. Roeddwn i'n helpu pobl ifanc ar brosiectau cerddoriaeth a ffilm. Ces i amser da. Roeddwn i'n cerdded i'r gwaith bob dydd – ond roedd hi'n bwrw glaw bron bob bore! Diflas iawn!

Un penwythnos, es i ar drip i Ogledd Cymru gyda fy ffrindiau. Cerddon ni i gopa'r Wyddfa. Roedd hi'n hyfryd iawn yng Ngogledd Cymru. Mae'r mynyddoedd yn debyg i Fynyddoedd Tatra yn Slofacia. Mae llawer o fynyddoedd yn Slofacia! Gwelais i Gastell Caernarfon. Mae llawer o gestyll yn Slofacia hefyd – 160 o gestyll!

Es i i'r traeth. Roedd mynd i'r traeth yn hwyl achos does dim traethau yn Slofacia.

Nawr, dw i'n gweithio yn Bratislava. Hoffwn i ddod yn ôl i Gymru ryw ddiwrnod.